DICT DV ROY,

SVR LE REGLEMENT

General des Tailles, à la descharge de
ses Subjets, Portant injonction d'imposer ausdites Tailles, tous ceux qui
se sont pretendus exempts par le passé
conformément à la Declaration du
dix-huictiéme Ianuier dernier mil six
cens trente quatre:

Verifié en la Cour des Aydes le 8. Auril 1634.

A PARIS,

Par ANTOINE ESTIENE, Imprimeur
& Libraire ordinaire du Roy.

Ruë Sainct Iacques, au College Royal.

M. DC. XL.

Auec Priuilege de sa Maiesté.

(4)

LOVIS par la grace de Dieu Roy de France & de Nauarre, A tous presens & à venir, Salut. ENCORES que nous soyons necessitez d'armer puissamment, pour preuenir les mauuais desseins de ceux qui voudroient affoiblir nostre authorité, & par ainsi obligez à de grandes despenses, qui pourroient retarder l'effect du desir que nous auons, de descharger nos Subiets des leuées que la mesme necessité nous a obligez de continuer; Nous leur faisons neantmoins dés present ressentir cette grace, en leur remettant vn quartier du principal de Taille & de la Creuë extrordinaire des Garnisons, de la presente année mil six cens trente-quatre, Quoy que les surcharges qu'ils ont souffertes, ne procedent pas des impositions qui se leuent sur nous, ny à nostre profit, estans de beaucoup moindres que celles qui se fai-

soient du regne du feu Roy nostre tres-
honoré Seigneur & Pere, mesme és années mil six cens neuf & mil six cens dix,
à cause des décharges que nous auons accordées à nosdits Subiets contribuables
és années mil six cens vingt-sept & mil six
cens vingt-huict. Et s'il y a quelque aug-
mentation, elle n'est causée que des leuées qui se font au profit des particuliers
Acquereurs des droicts alienez sur nos
Tailles, dont nous voudrions bien aussi
soulager nosdits Subiets, si la foy publi-
que, & la consideration desdits Proprie-
taires, qui nous ont assisté aux occasions,
ne nous en ostoit le moyen. Nous auons
toutefois si vtilement pourueu aux abus
qui se commettoient à la leuée desdits
droicts, par nos Lettres de Declaration
du mois de Decembre dernier, que nous
esperons que nos Subiets contribuables
en receuront annuellement plus de six
millions de liures de décharge. Et pour y
apporter cét ordre, nous auons refusé les
supplémens qui nous ont esté si souuent
& si instamment offerts par les Proprie-
taires desdits droicts, pour leur en laisser
la iouïssance, ainsi & en la mesme forme

...ils faifoient cy-deuant. Par l'execu-
...duquel Reglement, & de celuy que
...us auons fait expedier pour reftablir
...cienne difcipline militaire parmy nos
...ns de guerre, & pour les obliger de
...ver leur defpenfe aux lieux des affem-
...es, fejour & paffages, au moyen du
...yement que nous leur ferons faire par
...uance des deniers de noftre Efpargne,
...leur folde, entretenement & fur-taux,
...us auons fujet de croire, que nos Sub-
...s receuront vn grand foulagement:
...is encore beaucoup plus de la reuo-
...tion de tant de priuileges que fe font
...rogez aucuns de nos Officiers par l'au-
...orité de leurs charges, & des exem-
...tions dont iouiffent les plus riches &
...us puiffans des Paroiffes, qui ont acquis
...s droicts fous pretexte de certains Of-
...ces imaginaires, fondez fur des claufes
...ffées dans nos Edicts, Declarations &
...refts, Quoy que d'ailleurs le reuenu de
...rs acquifitions monte à des fommes
...menfes, outre & par deffus le pied des
...enations qui leur en ont efté faites. A
...oy nous voulons pouruoir par le pre-
...t Reglement, dont l'execution doit

eftre auffi prompte & inuiolable, qu'el
eft neceffaire. Et auons pour cét effe
commis & deputé de nos principaux O
ficiers, pour fe tranfporter dans nos Ele
ctions & dans les Parroiffes, pour impof
& faire comprendre és rolles des Taill
lefdits exempts & priuilegiez, au foula
gement des pauures, afin que chacun por
tant fa iufte part & portion felon fes fa
cultez & moyens, il n'y ait plus d'inégal
té en l'affiette defdites Tailles, Que nou
fçauons n'eftre pas exceffiues pour
grandeur & puiffance de cette Mona
chie, pourueu qu'elles foient égalemen
departies. A CES CAVSES, DE l'Ad
uis des Princes de noftre Sang, Officie
de noftre Couronne, & principaux d
noftre Confeil, & de noftre propre mou
uement, grace fpeciale, plaine puiffanc
& authorité Royale, Nous auons quitté
remis & defchargé, quittons, remetto
& déchargeons nos Subiets, de tout c
qu'ils deurôt du principal de nos Taill
& de la Creuë extrordinaire de nos Ga
nifons, du quartier d'Auril, May & Iui
de la prefente année mil fix cens trent
quatre. VOVLONS & nous plaift qu'

…fent effectiuement de noſtre preſen-
…ce, remiſe & deſcharge, ſuiuant le
…ſement qui en ſera fait par nos amez
…aux Conſeillers les Preſidens & Tre-
…ers Generaux de France de chacune
…eralité, en execution de l'eſtat de di-
…ution, & de nos Lettres Patentes qui
…ſeront pour cét effet adreſſées. Et
…donner plus de moyen & facilité
…contribuables à nos Tailles, de payer
…rois autres quartiers de noſdites Tail-
…& Creuë extrordinaire, de ladite pre-
…e année, dont nous deſirerions bien
…deſcharger, ſi les deniers qui en doi-
…prouenir n'eſtoient affectez tant au
…ement des gages d'Officiers, & autres
…rges ordinaires de nos receptes gene-
…s & particulieres, que de celles de no-
…Eſpargne, neceſſaires pour la ſubſi-
…ce de cét Eſtat; Nous auons encores
…noſtredit preſent Edict perpetuel &
…ocable, dit, ſtatué & ordõné, diſons,
…ons & ordonnons ce qui enſuit :

PREMIEREMENT.

…que nonobſtant tous les ennobliſſe-
…s accordez depuis vingt ans en çà
…yennant finance ou autrement)& les

vſurpations des priuileges de Nobl[e]
tous ceux qui ſont nez & ſe trouuer[ont]
de condition roturiere, ſeront mis &[c.]
poſez à la Taille ſelon leurs moyens &[fa-]
cultez : Excepté les douze ennoblis[ſ par]
noſtre Edict du mois de May 1628. e[n fa-]
ueur des Aſſociez en la Compagni[e de]
la nouuelle France. Et pour les Vi[lles]
Bourgs & Villages qui pour quelque c[ho-]
ſe & raiſon que ce ſoit, ont obtenu ex[em-]
ptions, décharges & abonnemens, ils c[on-]
tinuëront à en iouïr durant la preſe[nte]
année, pendant laquelle, rapportan[s les]
Lettres qu'ils en ont obtenuës, leur [ſera]
pourueu ſur la continuation, ſelon [qu'il]
ſera iugé raiſonnable en noſtre Conſ[eil.]
N'entendons toutefois y comprédr[e les]
Villes de Paris, Roüen, le Haure, Di[eppe]
& Quillebeuf, & les Villes qui paye[nt]
ſubuention, meſmes celle de Chaſt[eau-]
roux, abonnée en conſequence des [arti-]
cles ſecrets du Traité de Loudun, [qui]
paye ſa part & portion de ce qui s'im[poſe]
pour la ſubuention des Villes fran[ches]
de la Generalité de Bourges, leſqu[elles]
iouïront comme cy-deuant elles ont [deu]
& deuëment fait.

II. D[e]

II.

Defendons à tous nos Subiets d'vfur-
er le tiltre de Noblefſe, prendre la qualité d'Efcuyer, & de porter armoiries tim-
brées, à peine de deux mil liures d'amende, s'ils ne font de maifon & extraction
noble. Enioignons à nos Procureurs Generaux & leurs Subftituts, de faire toutes
pourfuites neceffaires contre les vfurpa-
teurs defdits tiltres & qualitez.

III.

Serõt taxez & impofez aux Tailles, tous
ceux lefquels n'eftás nobles de race, vfur-
pent ledit titre, fous pretexte de quelques
Sentences & Iugemens par eux ou leurs
predeceffeurs obtenus, fi elles ne font cõ-
firmées par Arrefts contradictoirement
dõnez, auec parties valables & intereſſées.

IV.

Et pour l'aduenir, Nous ordonnons
qu'il ne fera expedié aucunas Lettres
d'ennobliſſement, finon pour de grandes
& importantes confiderations, lefquelles
feront regiftrées en nos Cours des Aydes,
nos Procureurs Generaux en icelles ouis,
& les Habitans & Procureurs Syndics
de la Paroifle où ils feront leur refiden-

ce, appellez & indemnifez·

V.

Les Baſtards , quoy qu'ils ſoient iſſus de
peres nobles , ne ſe pourront attribuer le
tiltre & qualité de Gentils-hommes, s'ils
n'obtiennent nos Lettres d'ennobliſſement , auſſi fondées ſur quelques gran des
conſiderations de leurs merites , verifiées
en nos Cours des Aydes , noſdits Procureurs Generaux ouys , & les Habitans &
Procureur Syndic de la Paroiſſe de leur
demeure , appellez & indemniſez : autrement ſeront leſdits Baſtards , leurs veſues
& enfans impoſez aux Tailles.

VI.

Les Maires , Conſuls , Eſcheuins &
Conſeillers des Villes, ayans priuileges de
nobleſſe par anciennes conceſſions , qui
ſeront éleus à l'aduenir, ne pourront iouïr
de l'exemption que pendant le temps de
l'exercice de leurs charges ſeulement,
Sans que leurs enfans puiſſent iouïr d'aucuns priuileges de Nobleſſe : Et quant à
ceux qui ont cy-deuant exercé leſdites
charges , & les exercent à preſent , iouïront deſdits priuileges de nobleſſe , ne
faiſans acte dérogeant.

VII.

Les defcendans des Freres de la Pucelle
d'Orleans, inferez au corps de la Nobleffe, & viuans à prefent noblemét, ioui-
rôt des priuileges de Nobleffe, & leur po-
fterité, de mafle en mafle, viuát noblemét.
Mais ceux qui n'ont vefcu & ne viuent à
prefent noblement, ne iouiront plus à
l'aduenir d'aucuns priuileges. Comme
auffi les filles & femmes defcendans des
freres de ladite Pucelle d'Orleans, n'en-
nobliront plus leurs maris à l'aduenir.

VIII.

Tous Officiers de quelque qualité &
condition qu'ils foient, refidens és villes,
Bourgs & Paroiffes contribuables à nos
Tailles, y ferôt mis & impofez felon leurs
moyens & facultez, Excepté nos Confeil-
ers, Notaires & Secretaires, Les quatre
Chauffecires, & Seelleurs hereditaires
de France, & autres Officiers de nos
Chancelleries, Les cinq Huiffiers ordinaires de nos Confeils d'Eftat & Priué,
Les Officiers ordinaires & Cómençaux
de noftre Maifon, De celle de la Reyne
noftre tres-chere & tres-amée Efpoufe,
Et de noftre tres-cher Coufin le Prince

de Condé, Et les Archers de la Porte
actuellement seruans par quartier, Qui
feront employez és estats que nous en ferons expedier & addresser à nostre Cour
des Aydes de Paris, Lesquels iouïront de
l'exemption, Sans que le nombre qui sera
employé esdits estats, puisse estre à l'aduenir augmenté pour quelque cause &
occasion que ce soit, Ny que l'on ait do-
resnauant aucun esgard à tous nos estats
precedens enuoyez en nostredite Cour
des Aydes, que nous auons dés à present
reuoquez: Et neantmoins les Officiers
employez en iceux, continuëront à iouïr
du priuilege de Committimus. N'entendons que les Maistres d'Hostel, Escuyers
& Gentils hommes seruans de nostre
Maison, qui ne sont nobles d'extraction,
puissent iouïr de ladite exemption.

I X.

Les Officiers de l'Escurie, Venerie
Fauconnerie, Louueterie, Artillerie, Ad-
mirauté & Marine de Leuant & Ponant
aussi employez és estats que nous en ferons expedier & enuoyer en nostredite
Cour des Aydes, dont le nombre sera
par nous reglé & limité, iouïront pareil-

ment de l'exemption, Excepté les Archers des Toiles & Chasses, lesquels ne
seront exempts que iusques à la somme
de dix liures de toutes Tailles, suiuant les
precedens Reglemens, encores qu'ils
soient couchez és estats de nostre Venerie : Et pour ceux qui ne seront employez
esdits estats, ils seront compris à nos
Tailles.   X.

Lesdits Officiers ne iouïront de l'exemption des Tailles, s'ils ne sont employez
esdits estats, aux gages de soixante liures
du moins par an, & à la charge de ne faire
aucun trafic de marchandise, ny tenir fermes d'autruy, Excepté ceux des sept Offices de nostre Maison, qui iouïront de ladite exemption, encores qu'ils ayent
moindres gages que lesdits soixante liures.   Et pourront ceux d'entr'eux, qui
n'ont dignité annexée à leurs Offices, faire trafic de marchandise, pourueu qu'ils
ne tiennent Fermes d'autruy, conformément aux Ordonnances & Arrests de nos
Cours des Aydes.

XI.

Les Officiers des quatre Compagnies
des Gardes de nostre Corps, Françoises

& Efcoſſoifes, dont nous auons reglé & li
mité le nombre à quatre cens cinquan
te , ſçauoir cent quatorze pour chacun
des trois Françoiſes, & cent huiɕt pou
l'Eſcoſſoife , iouïront de l'exemption
Pourueu qu'ils ne facent trafic de mar
chandiſe, & ne tiennent Fermes d'autruy
en feruans actuellement & non autre
ment. En iouïront pareillement les cen
Suiſſes de noſtre Garde. Et pour cét ef
fet il fera dreſſé & enuoyé en noſtre Cou
des Aydes, vn eſtat deſdits Officiers. E
quant à ceux qui ne feront couchez &
employez fur iceluy , ils feront impoſe
comme les autres contribuables.

XII.

Les pourueus des charges des deu
cens Gentils-hommes de noſtre Maiſon
qui ne feront nobles d'extraction, feron
cottiſez aux Tailles, nonobſtant la modi
fication portée par l'Arreſt de noſtre Cou
des Aydes de Paris, interuenu fur l'enre
giſtrement de nos Lettres de Declaratio
du mois de   1628. laquelle nou
auons leuée & oſtée, voulans que noſtre
dite Declaration forte fon plein & entie
effet.

XIII.

Ne iouïront d'aucune exemption les
officiers des feux Ducs d'Alençon, Roi-
ne Marguerite, Duchesse de Bar, Duchesse d'Angoulesme, des Roines d'Espa-
gne, d'Angleterre, & Duchesse de Sauoye,
ny les Salpestriers, Verriers, Maistres
des Mines & Forges, Ouuriers en soye,
Officiers des Monnoyes ouuertes & non
ouuertes, Les morte-payes des Forteres-
ses, Places & Chasteaux, Ne en semblable
les descédans de Eude le Maire, dit Chas-
se sainct Mas, dont l'exemption a esté re-
uoquée par Edict du mois de Ianuier, mil
cinq cens quatre-vingts dix-huict.

XIV.

Tous Officiers de Iudicature ou de Finance, ne iouïront aussi à l'aduenir d'aucune exemption, Excepté les Presidés, Conseillers, nos Aduocats & Procureurs generaux des Cours souueraines: Tresoriers
de France, nos Aduocats & Procureurs
és Bureaux: Receueurs & Controlleurs
generaux des Finances: Receueurs &
Controlleurs Generaux du Taillon: Receueurs & Controlleurs Generaux des
Tailles: Tresoriers & Controlleurs des Tur-

cies & leuées : Presidens , Lieutenan[s]
Eleus, Controlleurs, nos Aduocats, Procureurs & Commissaires Examinate[urs]
des Elections, desquels nos Subjets ta[il-]
lables sont iusticiables. Iouïront aussi [de]
ladite exemption, les Receueurs des Tailles : les Controlleurs des Receueurs Collecteurs des droicts alienez sur les Tail[les]
qui doiuent assister aux departemens : [les]
Receueurs Collecteurs des droicts alienez sur le Sel : Tresoriers & Controlle[urs]
des Ponts & Chaussees, & Presidens de[s]
Greniers à Sel. Et quant aux autres O[f-]
ficiers desdits Bureaux , Receueurs &
Controlleurs des Decimes , Tresori[ers]
Prouinciaux de l'extrordinaire des Gue[r-]
res , Tresoriers des Regimens & Compa[-]
gnies, Payeurs de la Gendarmerie, & Con[-]
trolleurs ordinaires & Prouinciaux de[s]
guerres, Receueurs particuliers des Tail[-]
des & Taillon, Receueurs des Consigna[-]
tions des Iustices ordinaires & Election[s,]
Receueurs Collecteurs des droicts alie[-]
nez sur les Tailles, Greffiers des Electio[ns,]
Maistres Clercs, Controlleurs des Act[es]
& Expeditions desdits Greffes, Huissie[rs,]
Intendans , Receueurs & Controll[eurs]

deniers communs des Villes, Eleus,
ticuliers & autres Officiers des Ele-
ns particulieres, Controlleurs au re-
ement des Tailles, Commiſſaires &
eſſiers des Tailles, Controlleurs deſ-
s Commiſſaires & autres Officiers, tant
Iuſtices ordinaires que de finance, Se-
ont impoſez à nos Tailles ſelon leurs fa-
ultez, Nonobſtant toutes les exem-
ions attribuées par nos Edicts à aucuns
ſdits Officiers, Que nous auons reuo-
ées, Enſemble les fonctions deſdits Cō-
olleurs au regalement, Commiſſaires &
reſſiers des Tailles & Controlleurs deſ-
ts Commiſſaires, leſquels ſeront tenus
contenter de leurs droicts.

XV.

Les Commis des Fermiers generaux de
os Aydes, Gabelles & autres Fermes reſi-
ens aux Paroiſſes taillables, & ayans feu
lieu, ſeront impoſez aux Tailles de la
aroiſſe de leur demeure : Et neantmoins
pourront eſtre contraints d'accepter la
harge d'Aſſeeur Collecteur des Tailles,
ont nous les exemptons tant & ſi lon-
uement qu'ils exerceront leur Commiſ-
ion.

C

XVI.

Ceux des Compagnies de Genſd'arm
& cheuaux legers ne iouïront d'aucu
exemptiõ, excepté nos deux Compagni
de Genſd'armes & cheuaux legers, cõ
poſées de deux cens hommes chacune.

XVII.

Ne ſera doreſnauant expedié aucune
Lettres de Veteran, qu'à ceux qui doiuer
iouïr de l'exemptiõ, & qui ſõt de la quali
requiſe: Leſquels auront ſeruy vingt-cin
ans, en iuſtifiant leurs ſeruices par les ex
traits des comptes rendus en nos Cham
bres des Comptes, du payemét qui leur au
ra eſté fait de leurs gages, ſoldes & ap
pointemens pendant ledit temps de ving
cinq ans. Et pour le paſſé, ceux qui ont ob
tenu Lettres de Veteran, ſeront tenus le
repreſenter pardeuant les Commiſſaire
qui ſerõt par nous pour cét effet deputez
Et iuſtifier par ſemblables extraicts de leu
ſeruice, pendãt leſdits vingt-cinq ans. Au
tremét & à faute de ce faire, ſeront impo
ſez aux Tailles, Sans auoir égard auſdites
Lettres, & Arreſts de regiſtremét d'icelles

XVIII.

Les Commiſſaires des Guerres iouï-

...t de l'exemption, encores qu'aucuns
...ux ne fussent Gentils-hommes, à cause
...seruice actuel qu'ils sont obligez de
...us rendre en nos armées.

XIX.

...es Lieutenans, Exempts & Archers
...la Preuosté de nostre Hostel, les Pre-
...sts des Mareschaux ou leurs Lieute-
...ns de Robe-courte d'ancien establisse-
...ent, iouïront de l'exemption, Ensemble
...Cheualiers du Guet, leurs Lieutenans,
...empts & Archers, conformément à l'E-
...t de leur creation du mois de May mil
...cens trente-trois. Et pour les Lieute-
...nans de Robe-courte desdits Preuosts
...ablis depuis vingt-cinq ans en çà en de
...tites Villes & Bailliages, desquelles
...harges ils se sont fait pouruoir plustost
...ur acquerir l'exemption des Tailles, que
...ur seruir au public, Ne iouïront à l'ad-
...nir d'aucune exemption, Ny mesme les
...empts desdits Preuosts, leurs Archers,
...s Archers de la Connestablie, Asses-
...rs, nos Procureurs, Commissaires,
...ntrolleurs à faire les monstres, Payeurs
...Greffiers, nonobstant toutes Declara-
...ns & Arrests à ce contraires.

X X.

Les Cheuaucheurs d'Escurie, mesm[es]
ceux du nóbre des six vingts Maistres d[es]
Postes, Concierges de nos maisons, Po[r]
tiers, Iardiniers, Maistres des Eauës [&]
Forests, Capitaines des Chasses, Verdie[rs]
Gruyers, leurs Lieutenans, Gardes [de]
nos Forests, Chasses, Varennes & Plaisi[rs]
& tous autres Officiers desdites Chasses
des maisons Royales, ne iouïront à l'ad[-]
uenir d'aucune exemption, Excepté l[es]
Concierges, Gardes-meubles, Portiers [&]
Iardiniers de nos maisons de S. Germa[in]
en Laye, Fontaine-bleau, Monceaux [&]
Chantilly, Versailles, Chasteau-Thier[ry]
& Blois, estans à nos gages & serua[ns]
actuellement; Excepté aussi les Capita[i]
nes, Lieutenans & Gardes de nos Chass[es]
Varennes, Plaisirs, Forests & Buissons [de]
Fontaine-bleau, Sainct Germain en Lay[e]
Meaux, Monceaux, Chantilly, Chastea[u]
Thierry, Villiers-cottrez, Amboise, Bl[ois]
Bois de Boulongne, Varennes du Lo[u]
ure, Bondy & Liury, Senart, Mont-fo[rt]
Lamory, Lonjumeau, Sequiny, Chino[n]
Hallate, Carnelle & Compiegne, do[nt]
nous auons reglé le nombre, y compr[is]

dits Capitaines & Lieutenans, Sçauoir,
pour Fontaine-bleau, à trente : pour Sainct
Germain en Laye, à trente-quatre : pour
Meaux, à douze : pour Monceaux, à cinq :
pour Chantilly, à seize : pour Chasteau-
Thierry, à cinq : pour Villiers-cottrez, à
quinze : pour Amboise, à dix : pour Blois, à
dix : pour le Bois de Boulongne, à quinze :
pour la Varenne du Louure, à seize : pour
Bondy & Liury, à huict : pour Senart, à
cinq : pour Monfort-Lamory, à quatorze :
pour Long-jumeau, à huict : pour Sequiny, à huict : pour Chinon, à dix : pour Hal-
latte, à seize : pour Carnelle, à huict, &
pour Compiegne, à quinze : Suiuant les
estats qui en seront par nous arrestez &
enuoyez en nostre Cour des Aydes à Paris. Sans que l'on ayt cy-apres égard aux
estats precedens enuoyez en nostredite
Cour, que nous auons reuoquez. Et seront les Gardes desdites Varennes &
Chasses, qui doiuent iouïr de l'exemption
entiere, employez par chapitres separez
esdits estats, d'auec ceux des Forests, lesquels iouïront de ladite exemption iusques à cent sols seulement, qui leur seront
déduits sur toutes Tailles, conformément

au reglement de l'année mil six cens. Et
quant à nos Procureurs & Greffiers defdites Chasses, ils seront taxez à nos Tailles comme les autres contribuables.

XXI.

Les vefues des Presidens, Conseillers,
nos Aduocats & Procureurs Generaux
des Cours Souueraines, de nos Conseillers & Secretaires, & quatre Chauffecires
& Seelleurs hereditaires de France, de nos
Officiers commençaux, de la Royne nostre Espouse, & de nostre tres-cher Cousin
le Prince de Condé, & ceux de la maison
du defunct Roy nostre tres-honoré Seigneur & Pere, qui sont decedez & dece-
deront cy-apres exerçans leurs charges,
sans en auoir retiré recompense, iouïront
de l'exemption pendant leur viduité. Et
pour le regard des vefues des autres Officiers, qui doiuent iouïr de l'exemption par
le present Reglemēt, n'en iouïront à l'aduenir, Excepté celles dõt leurs maris sont
à present decedez, lesquelles continuē-
ront à en iouïr, comme elles ont fait depuis leur deceds, tant qu'elles se contien-
dront en viduité. XXII.

Le nombre des Priuilegiez demeurans

Villes, Bourgs & Paroiſſes taillables, à reduit au nombre de huict priuile- ez de toutes qualitez, pour celles taxées neuf cens liures du principal de la Tail- & au deſſus, Et à quatre, pour les autres roiſſes taxées au deſſous. Et quant aux fficiers nouuellement venus & habi- ez eſdites Paroiſſes, ne iouïront d'au- ne exemption, iuſques à ce qu'ils ſoient duits au nombre ſuſdit : Et ſans qu'il iſſe y auoir eſdites Paroiſſes, plus de ux perſonnes priuilegiées poſſedãs meſ- tiltre d'Office. N'entendans toutefois mprendre au preſent article, les Villes les Compagnies Souueraines, Bureaux nos Finances & Elections en chef ſont ablies.

XXIII.

Les Capitaines, Lieutenans, Enſeignes, chers, Harbuebuziers, Arbaleſtriers, t de noſtre ville de Paris, qu'autres vil- , meſmes ceux qui abbatent l'oiſeau c l'harquebuſe, arc ou arbaleſtre, ne iront pareillement d'aucunes exem- ns ſoit de nos Tailles ou Aydes, re- quant tous priuileges & conceſſions qui ur en ont eſté accordez.

XXIV.

Les Officiers des Vniuerſitez eſtab
en pluſieurs Villes de ce Royaume,
reſerue des Docteurs Regens deſdites V
uerſitez, ne iouïront d'aucune exempti
En quoy n'entendons comprendre l'V
uerſité de noſtre bonne Ville de Pa
dont les Officiers, Docteurs, Regens, P
cureurs & Suppoſts, Principaux & R
cteurs, iouïront de l'exemption, com
ils ont cy-deuant bien & deuëment io
pourueu qu'ils ſoient reſidens actuel
ment en noſtre Ville de Paris.

XXV.

Les Bedeaux, Huiſſiers, Appariteur
noſtre Dame de Paris, Bois de Vincen
& du Viuier en Brie, & de toutes au
Egliſes & Communautez de fondat
Royale, ſeront impoſez aux Tailles,
payeront les Aydes, nonobſtant les pr
leges deſdites fondations.

XXVI.

Les Officiers qui doiuent reſidenc
cauſe de leurs charges, ne iouïront d'a
cune exemption s'ils ne demeurent d
la ville, ou au dedans du reſſort où l
Bureau eſt eſtably: Et s'ils demeurent h

tessort dudit Bureau en Paroisses tail-
bles, ils seront taxez aux Tailles non-
stant leur exemption.

XXVII.

Les Officiers des Sieges Presidiaux, Sieges Royaux, Elections & Greniers à Sel,
ne pourront estre pourueus de charges &
offices de nostre Maison, & des Maisons
des Roynes & Princes, Les declarans dés
present incompatibles auec leurs offices.

XXVIII.

Les Officiers employez és estats qui seront enuoyez en nostre Cour des Aydes
de Paris, seront tenus en retirer extraict, &
le faire signifier aux habitans de la Paroisse de leur demeure, & au Substitut de
nostre Procureur General pour vne fois,
auparauant le premier iour d'Octobre
precedant l'assiette, Et declarer le quartier qu'ils doiuent seruir, Autrement ne
iouïront d'aucune exemption l'année suiuante. Seront aussi tenus de leuer pareil
extraict, & le faire signifier autant de fois
que les nouueaux estats auront esté enuoyez & receus par ladite Cour, dans
deux mois apres l'Arrest de reception des-

D

dits eſtats. Et à faute de ce faire, ils ſeront
impoſez aux Tailles.

XXIX.

Dautant qu'aucuns deſdits Officiers re-
ſignent leurs Offices à autres perſonnes,
les reſignataires deſquels ſe font employer eſdits eſtats au lieu de leurs reſignans : Ce que les habitans des Paroiſſes
ignorans, ne delaiſſent de les faire iouïr
de l'exemption des Tailles, ainſi qu'ils fe-
ſoient auparauant qu'ils euſſent diſpoſé
deſdits Offices, & par ce moyen deux
perſonnes iouïſſent des priuileges pour
vn meſme Office, Nous voulons que
chacun deſdits Officiers ſoit tenu pour la
premiere fois, retirer extrait de l'eſtat qui
ſera enuoyé en noſtredite Cour des Aydes
à Paris, auſquels ils auront eſté employez
au lieu de leurs reſignans, & le faire ſignifier tant auſdits habitans de leurs Paroiſſes, qu'à ceux de celles où demeureront
leurs reſignans, & au Subſtitut de noſtre
Procureur General : Enſemble le quartier qu'ils doiuent ſeruir, auant ledit premier iour d'Octobre. Et pour plus grande certitude du ſeruice deſdits Officiers,
ils ſeront tenus dés leur arriuée à la Cour

lieux où ils doiuent feruir , prendre at-
ftation paſſée pardeuant deux Notaires du lieu, qu'ils figneront de leurs mains
auec leſdits Notaires, comme ils feront
tenus exprés pour feruir leur quartier, Et
femblable, au milieu , & l'autre à la fin
de leur quartier. Tous leſquels actes ils
feront fignifier par chacun an , tant aux
habitans de la Paroiſſe de leur demeure,
qu'aux Subſtituts de noſtre Procureur General en l'Election , fur peine d'eſtre impoſez aux Tailles.   X X X.

La verification du payement des gages
deſdits Officiers, fera faite fur les extraicts
des comptes rendus en nos Chambres des
Comptes, par les Treforiers & Payeurs
deſdits Officiers , s'il en a eſté compté : Et
où le compte n'a eſté encore rendu , par les
certificats deſdits Payeurs, Receueurs &
Treforiers qui leur en auront fait le payement: leſquels feront tenus de certifier au
Roy s'ils ont actuellement payé ou non,
& fi leſdits Officiers ont actuellement
joüy ou non, & ce à peine de faux, & de
tous defpens, dommages & interefts des
parties. Et pour le regard des Officiers qui

font payez par Argentiers ou Payeurs q
ne rendent compte à la Chambre, le pay
ment en sera verifié par la certificatio
desdits Argentiers & Payeurs, lesquels s
ront aussi tenus de faire semblable cer
fication, sur les peines que dessus. Demeu
rant neantmoins la faculté aux habita
des Paroisses, de verifier le contraire de
dits extraits & certificats, tant par écri
que témoins, sans estre tenus de form
inscription en faux.

XXXI.

Ne pourra estre accordé ausdits Offi
ciers aucune dispense de seruice, sino
pour cause de maladie deuëment cer
fiée par le Iuge & Procuteur du lieu
leur demeure, par acte signé d'eux &
leur Greffier, lequel sera signifié aux M
nans & Habitans des Paroisses de le
residence, à l'issuë de grande Messe, à
iour de Dimanche ou Feste, & à leur P
cureur Syndic, & encores au Substitu
nostre Procureur General en l'Electi
pour le debatre en cas de fraude, soit
écrit ou par tesmoins, Sans estre obli
de s'inscrire en faux contre ledit a
comme dessus.

XXXII.

Les Ecclesiastiques ioüiront des Priuile-
& exemptions à eux accordées par nos
lettres patentes & Contracts faits auec
eux, iusques à la fin de la presente année,
selon & ainsi qu'ils en ont bien & deuëment iouy par le passé : Dans laquelle so
tirans par deuers nous, & rapportans lesdites Lettres & Contracts, leur sera pourueu pour l'aduenir ainsi que de raison.

XXXIII.

Les Nobles, Ecclesiastiques, Cheualiers
de Malte, Officiers priuilegiez & Habitans de nostre Ville de Paris, pourront
faire valoir par leurs mains vne de leurs
terres & maisons, & celles qui y sont ad-
jacentes & contiguës en dépendans. Et
pour les autres terres & mestairies qu'ils
feront valoir par Receueurs ou Seruiteurs, lesdits Receueurs ou Seruiteurs seront taxez, tout ainsi que pourroient estre
taxez leurs Fermiers desdites terres & metairies. Et pour le regard des habitans demeurans aux Villes franches, autres que
nostredite Ville de Paris, s'ils font valoir
leurs terres ou metairies par Receueurs
ou Seruiteurs, ils seront taxez aux Tailles

comme pourroient eftre taxez leurs
miers ou Laboureurs. N'entendons
tesfois comprendre au prefent article
maifons confiftans en clos & vignes,
lefquelles il en fera vfé comme il a efté
deuant fait : Mefmes les Habitans de
ftre Ville de Lyon, qui iouyront des pri
leges qui leur ont efté accordez par
Lettres Patentes du feu Roy Charles
en l'année 1561. regiftrées en noftre C
des Aydes à Paris, le huictiéme d'Octo
1563.   XXXIV.

Les Fermiers des Ecclefiaftiques, G
tilshommes & autres demeurans és Vi
franches, feront taxez à nofdites Tail
à raifon du profit qu'ils pourroient f
en leurs fermes, en chacune des Paroi
où les biens & heritages dont ils fer
Fermiers, feront affis, à raifon de ce
pourroit porter vn Fermier particul
qui demeureroit efdites Paroiffes, à c
fe de la iouiffance defdites fermes, n
obftant qu'ils demeurent efdites Vil
franches.

XXXV.

Nul ne pourra eftre exempt des Ta

par le simple consentement des Habi-
des Paroisses, ny abonné par eux à
nes sommes pour toutes Tailles, au
dice des autres, ains chacun Habi-
sera taxé selon ses facultez.

XXXVI.

ceux qui ont cy-deuant indeuëment
de l'exemption des Tailles, y seront
à vne seule fois, à la premiere assiete
fera, autant qu'ils eussent porté les
années dernieres, à la descharge des
s habitans de la Paroisse.

XXXVII.

s Habitans demeurans és Villes &
taillables, qui auront pris à ferme
ques terres & metairies hors le dé-
de la Paroisse de leur residence, por-
t les taxes des precedens Fermiers,
portion du profit qu'ils y pourront
, Et la payeront en la Paroisse de la
tion d'icelle; Outre la Taille qu'ils
ent au lieu de leur demeure, pour le
us de leurs biens & facultez. Ce qui
encore obserué pour les heritiers de
qui auront tenu lesdites Fermes, &
n continuëront la jouïssance. Et au
que les heritages dependans desdites

Fermes ſoient ſituez en diuerſes Paroiſ
leſdits Fermiers ou heritiers payeron
dite taxe en la Paroiſſe du lieu où ſera b
le principal logement deſdites Ferme
Metairies.

XXXVIII.

Les Aſſeeurs ſeront Collecteurs e
meſme année de leur charge, & les H
tans des Paroiſſes capables de l'exer
& ayans moyens ſuffiſans pour ce f
Meſmes les Fermiers des Gentils-h
mes & Officiers de nos Elections t
& obligez de la faire par ordre, & ch
à leur tour, ſans exception d'aucuns.
au lieu de quatre Aſſeeurs Collecteurs
donnez par les Reglemens cy - de
faits pour les grandes Paroiſſes taxé
quinze cens liures du principal d
Taille, & au deſſus, Voulons qu'il e
nommé pour l'aduenir iuſques à h
& pour les moindres Paroiſſes, qua
afin qu'ils ſe puiſſent ſoulager l'vn l'a
& plus facilement leuer nos deniers.
quelle leuée ils feront enſemble par q
tier ou demie année, ainſi qu'ils de
reront d'accord entr'eux, demeurans
tesfois reſponſables les vns des au

se fera ladite leuée sur les originaux des
olles verifiez par les Eleus, sur lesquels
payemens qui seront faits par les cotti-
, seront croisez au mesme instant que
sdits payemens seront faits, à peine de
ux, & d'amende arbitraire: Enjoignans
x Eleus de proceder contre les contre-
nâs auec seuerité, Et de parafer tous les
eillets desdits Rolles en les verifiant,
qu'il ne s'y commette aucun abus.

XXXIX.

Lesdits Asseeurs Collecteurs serôt eleus
nommez par les habitâs des Parroisses,
uëment assemblée, issuë de grande Mes-
à iour de Dimanche ou Feste; Et sera
ssemblée qui se deura faire pour ladite
ection, publiée au Prosne des grandes
esses par deux Dimanches consecutfs;
e laquelle ils ne pourront estre deschar-
z sinon le Procureur Syndic de la Par-
sse, ou lesdits habitâs appellez; Et le pre-
er iour de Ianuier venu, nul ne pourra
tre deschargé de ladite charge pour quel-
e cause & occasion que ce soit, Et en cas
ppel de la sentence des Eleus sur ladite
charge, lesdits Asseeurs Collecteurs,
eus, feront l'asiette & collecte, nonob-

stant & sans preiudice de l'appel, sauf le
despens, dommages & interests: Et en
qu'aucuns desdits Asseeurs Collecteu
fussent insoluables, le corps de la Paroi
en demeurera responsable.

X L.

Les Tresoriers de France feront le d
partement de la Taille sur les Electio
dépendans de leur Generalité, huict iou
apres auoir receu le breuet que nous l
enuoyons par chacun an, de ce qui se d
imposer l'année suiuante; Et ledit depar
ment fait, ils l'enuoyeront incontinent
sans delay, & dans le mois d'Aoust au p
tard, en nostre Conseil. Auquel depart
ment nous leur ordonnons de vacqu
auec iustice & esgalité, selon qu'ils reco
gnoistront que chacune Election de
porter: Ouy le rapport de celuy d'entr'e
qui aura fait ses cheuauchées, sans y
porter aucune faueur ou passion. Et d
tant que le plus souuent lesdits Tresori
fauorisent l'Election de leur demeure
le Bureau des Finances est estably, au p
iudice des autres Elections moindres
Parroisses & facultez; Nous permettro
aux Eleus des Elections qui se pretendro

taxées, de faire leur procés verbal, som-
re des raisons qu'ils auront à dire, & re-
senter côtre lesdites taxes, & l'enuoyer
noftre Conseil pour y estre pourueu; Et
Elections des Bureaux où sont les Ge-
alitez, taxées en noftredit Conseil, à la
charge & soulagement des autres.

XLI.

Nos Commissions seront à l'aduenir
oyées ausdits Tresoriers de France dés
ois de Nouembre, pour la leuée de nos
lles de l'année suiuãte, Et par eux huict
s apres aux Eleus des Elections.

XLII.

sdits Eleus huict iours apres qu'ils au-
t receu nos Commissions, feront le
artement des Tailles des Parroisses de
Election : Auquel ils procederont
la plus grande esgalité que faire se
rra, le fort portant le foible, sans aucu-
onsideration ou affection particuliere
ieu de leur demeure, ou de celuy où
s biens sont assis ; à peine d'estre tenus
non-valleurs en leurs propres & pri-
noms, & de priuatió de leurs charges:
n cas que les Tresoriers de France, re-
noissent en faisant leurs cheuauchées.

que lefdits Eleus fauorifent la ville en l
quelle ils feront demeurans, ils la taxero
affemblés en leur Bureau en nombre fuf
fant : Auffi à la defcharge & foulageme
des autres Parroiffes de l'Election.

XLIII.

Et afin que lefdits Eleus foiét inftruits
ce que chacune Parroiffe doit porter, l
feront leurs cheuauchées en temps deu
accouftumé, incontinent apres la recol
te, Ainfi qu'il leur a efté prefcrit par les R
glemens cy-deuant faits: Et s'informero
foigneufement de la fertilité, ou fteril
de l'année, De ceux qui feront decedez
deflogez des Parroiffes, depuis la co
precedente, doit ils feront vn eftat; Co
me auffi des exempts & priuilegiez, D
caufes de leur exemption ou priuilege,
quelle qualité ils en iouïffent; Si aucu
s'attribuent le tiltre de Nobleffe, ou d
xemption induëment: Si nofdits Offic
commerçaux, Ceux de la Royne, no
tres-chere Efpoufe, & de noftredit cou
le Prince de Condé feruent leur quarti
ou non, Quel quartier ils feruent: Com
auffi s'il y a aucuns defdits habitans, qui
xemptét de tout ou partie defdites Tail

authorité qu'ils prennēt ſur les autres,
eur ou autremēt. Et ne pourrōt leſdits
us faire leurs cheuauchées deux an-
cōſecutiues en meſme Parroiſſe, Ains
ont tenus de changer de departement
chacun an, Sans pouuoir choiſir les
roiſſes qu'ils auront vne fois euës en
artement, Qu'ils n'ayent eſté en toutes
Parroiſſes de leur Election.

XLIV.

t dautant que les cheuauchées deſdits
us, qui doiuent ſeruir au departement
Tailles de la preſente année, ont eſté
deu eſtre par eux faites dés le mois d'O-
bre dernier, Et que noſtre vouloir & in-
tion eſt, que nos ſubjets taillables
mmencent à iouyr dés ladite année pre-
te, du benefice & deſcharge qu'ils doi-
nt attendre de l'obſeruation du preſent
glement, En taxant & impoſant aux
illes les pretendus Nobles & priuile-
z, dont les exemptions ſont par nous re-
quées : Et les principaux habitans des
rroiſſes, aux ſommes qu'ils doiuent le-
imement porter, eu eſgard à leurs fa-
ltez; Nous ordonnons aux Eleus des
Elections, qui ont fait leurs cheuauchées

audit mois d'Octobre, De se rendre to[us]
en la Ville, où le siege & bureau de leur [E]
lection est estably, huict iours apres là p[u]
blicatiõ des presentes, Et y demeurer, sa[ns]
en pouuoir desemparer pour quelque ca[u]
se & occasion que ce soit, iusques à la f[in]
du mois de May prochain: Et incontine[nt]
nos Commissions receuës, de proceder a[u]
departement des Tailles sur les Parroiss[es]
de leur Election pour ladite année prese[n]
te: Et ce fait, enuoyer leurs Commissio[ns]
aux Asseeurs, Collecteurs, manans & h[a]
bitans desdites Parroisses: Ausquels A[s]
seeurs Collecteurs, ils ordonneront p[ar]
lesdites Commissions, de se transporter
iour certain & prefix, en la ville où le b[u]
reau de l'Election est estably, pour proce[e]
der à l'assiette de la Taille, en la presen[ce]
de celuy d'entr'eux, qui aura fait ses ch[e]
uauchées en leur Parroisse; Auquel io[ur]
lesdits Asseeurs Collecteurs seront ten[us]
de se trouuer: Et en cas d'absence, malad[ie]
ou autre legitime empeschement de cel[uy]
qui aura fait la cheuauchée, les Eleus e[n]
corps en commettront vn autre.

XLV.

Le Rolle du principal de la Taille d[e]

née prefente fera fait par tous lefdits
ffeurs, en la prefence de l'Eleu, qui aura
fes cheuauchées en ladite année der-
te: Et pour cét effet feront tenus fe tráf-
ter en ladite ville, où le Bureau & Sie
de l'Election eft eftably, au iour qui
aura efté affigné par lefdites Commif-
s: A laquelle affiette, apres le ferment
eux fait pardeuant ledit Eleu, ils va-
ront en leurs loyautez & confciences,
aucune difcontinuation; Afin que lef-
Affeurs facent le moindre feiour que
e fe pourra : Auquel Rolle fera em-
yée la condition des cottifez, comme de
e, Notaire, Greffier, Sergét, Procureur
Seigneurie, Marchand, Artifan, Fer-
de Gentil homme, des Officiers des
ctions, ou Laboureur : Et fi le Labou-
r trauaille pour luy ou pour autruy, Et
mbien de charuës, afin de recognoi-
par la lecture dudit Rolle fi la Taille
a efté bien affife: Et en fin d'iceluy fe-
mis les noms des Ecclefiaftiques, des
bles & exempts, s'il y en a en la Parroif-
Auec la caufe de leur exemption ; Et s'il
en a, il en fera fait mention, à peine d'a-
de arbitraire contre les Affeurs Col-

lecteurs, qui auront fait sciemment le[s]
obmissions ; Desquels exempts & pri[ui]
giez les Substituts de nostre Procu[reur]
General luy enuoyeront par chacun a[n]
estat signé & certifié d'eux, aussi-tost [que]
les Rolles aurõt esté verifiez par les Ele[us]
Et en cas qu'aucuns desdits Asseeur[s]
maladie ou autre legitime empescheme[nt]
ne se peussent transporter en ladite v[ille]
elle sera faite par les autres, qui va[ult]
comme si les absens y auoient assisté.

XLVI.

Apres que l'assiette aura esté reglée e[n la]
presente année, l'année prochaine & [sui]
uantes les Asseeurs & Collecteurs des [Par]
roisses taxez à quinze cens liures du pri[nci]
pal de la Taille, & au dessus, Deputer[ont]
quatre d'entre eux, Et ceux des Parro[isses]
taxez au dessous desdits quinze cens liu[res]
deux, Qui se transporterõt par chacu[n]
pardeuant l'Eleu, qui aura fait ses che[uau]
chées en leurs Parroisses, au iour qui [leur]
sera assigné par les Commissions qui [leur]
feront enuoyées ; En la presence duq[uel]
ils procederont à l'assiette dudit prin[ci]
pal de la Taille, A laquelle ils vacquer[ont]
sans discontinuation comme dessus :

qu'ils ne facent grand seiour, ils porte-
ux Eleus le projet du Rolle, auec les
qualitez & conditions des cottisez,
y employer les sommes & taxes des
ommez : A chacun desquels Asseeurs
Parroisses éloignées de trois lieuës &
ssous, de la ville de l'Election, nous
buons trente-sols : aux Parroisses éloi-
es de cinq lieuës, chacun cinquãte sols,
ux Parroisses éloignées depuis cinq
ës iusqu'à dix & au dessus, quatre liures
chacun, pour leur voyage, sejour &
ur, outre les quatre deniers pour liure
t ils iouïssent pour droict de collecte :
pour la façon des Rolles ordinaires &
raordinaires, & pour la minute & co-
d'iceux, douze liures pour les grandes
roisses de trois cens feux, & au dessus :
uf liures pour les mediocres de deux
s feux, & au dessus, iusques à trois cens :
ix liures pour les petites. Et pour le
s, feu & chandelle, quatre liures dix
pour les grandes Parroisses ; soixante
pour les mediocres, & quarante sols
r les petites. Leur defendant d'en im-
er dauantage : Et aux Eleus & Substi-
de nostre Procureur General, de le

permettre , ny de prendre aucun fala[...]
pour leur vacation d'eſtre preſens à lad[...]
aſſiette ; à peine de concuſſion : Et pour[...]
Taillon, Garniſons, & autres Creuës e[...]
traordinaires, elles ſeront faites au ſol la[...]
ure, ſur ledit principal de la Taille, eſta[...]
ledit principal de la Taille, Taillon, Ga[...]
niſons, que droicts alliénez, compris en v[...]
meſme Rolle.

XLVII.

Nul ne pourra aſſiſter à l'aſſiette au[...]
leſdits Aſſeeurs Collecteurs, excepté [...]
premier Notaire, Sergent, ou autre pe[...]
ſonne, qu'ils voudront choiſir pour eſcri[...]
leſdites taxes : Sans que le Greffier de l'E[...]
lection, ſes Clercs & Commis y puiſſen[...]
vaquer directement ou indirectement. C[...]
que nous leur defendons tres-expreſſé[...]
ment : Et à tous Seigneurs, Gentils-hom[...]
mes, d'apporter aucune contrainte à la vo[...]
lôté deſdits Aſſeeurs, à peine de priuatio[...]
de leurs fiefs & droicts de haute Iuſtice: E[...]
de payer en leurs propres & priuez nom[...]
les cottes parts de ceux qu'ils auront fai[...]
décharger ou moderer : Et à tous Iuge[...]
Officiers, & autres perſonnes de quelqu[...]
qualité ou conditió qu'ils ſoient, d'intimi[...]

u contraindre lesdits Asseeurs en la li-
té de leur voix, à peine de priuation de
charges, & de punition exemplaire.

XLVIII.

e Rolle de la Taille sera fait sous
Chapitres : Au premier desquels se-
compris les Iuges Conseillers , les
ituts de nos Procureurs generaux,
iers des Greniers, Procureur fiscaux,
aires, Aduocats, Greffiers, Procureurs,
ulans, Fermiers, Mestayers des No-
des Ecclesiastiques, des Eleus, Gre-
rs, Controlleurs, & autres personnes
peuuent auoir credit & authorité sur
utres habitans, que lesdits Asseeurs
nt taxer, ce qu'ils peuuent legitime-
t porter, ny les habitans des Parrois-
n faire plainte, de crainte d'encourir
inimitié. Tous lesquels seront taxez
ce, par l'Eleu qui aura la Parroisse
epartement, tant par l'aduis desdits
eurs Collecteurs, que par les autres
ues & cognoissáces qu'il aura receuës,
nt ses cheuauchees, de leurs commo-
, biens, & facultez : Et se feront les-
taxes, à la requeste & diligence du
titut de nostre Procureur General en

l'Election. Lequel à cét effet pr
communication des procez verbaux
cheuauchées des Eleus, qui luy fe
par eux deliurez, ou copies d'iceu
gnez de leurs mains : Et fera fait men
fur l'article de la taxe des cottifez de
qualité, employez au premier chapitr
dit Rolle, que l'Eleu, ce requerant le
ftitut de noftre Procureur General, le
ra taxez d'office, pour les caufes refu
de fon procez verbal, Sans preiudi
leurs oppofitions en furtaux ; Auquel
cez verbal les caufes de ladite taxe fe
particulierement exprimées.

XLIX.

En l'autre Chapitre dudit Rolle fe
employez tous les autres habitans ta
bles, dont les conditions ne font affe
commandables, pour leur donner du
uoir, authorité & credit fur les autre
bitans de la Parroiffe. Lefquels le
Affeeurs Collecteurs taxeront en
loyautez & confciences.

L.

Les Affeeurs Collecteurs ne fe pou
cottifer à moins, ny leurs parens &
en l'année de leurs charges, qu'ils eft

…née precedente, ou sur le pied de leur
…e, au cas que la Taille euſt eſté augmé-
…u diminuée; ſinon qu'ils ayent ſouffert
…que notable perte en leurs biens, com-
…ditez & profits, pour raiſon de laquelle
…it iugé par les Eleus, au nombre de trois
…r le moins, que ledit Rabais leur ait
…oſtre fait : Et s'ils le font autrement,
…taxe ſera augmentée à ladite raiſon :
…te laquelle ils payeront encore la meſ-
…ſomme de plus par forme d'amende,
…e leſdits Eleus ne pourront moderer: ce
…i ſera deduit aux habitans à la premiere
…ette qui ſe fera ſur eux.

L I.

…t parce que nous ſommes particuliere-
…t informez que la plus grãde ſurcharge
…s habitans des Parroiſſes prouient de di-
…rſes leuées, qui ſe font ſur eux au con-
…nt de l'année par aſſiettes particulieres,
…pluſ-part deſquelles procedent de dé-
…ens de ſurtaux ſi exceſſifs, que tel oppo-
…nt à qui eſt ordonné vingt ſols de mode-
…tion obtient deux & trois cens liures de
…epens contre vne ſeule Parroiſſe : Nous
…our y pouruoir voulons & ordonnons,
…ue tous ceux qui ſe pretendront ſurtaxez

fourniſſent leurs moyens d'oppoſiti[on]
trois mois apres que l'aſſiette aura eſté [mi]
te au Greffe de l'Election ; leſquels pa[ſſez]
ils ne ſeront plus receuables oppoſa[ns]
ſurtaux: Et que dans le dit temps ils les [fe]
cent ſignifier au Subſtitut de noſtre P[ro]
cureur general, & aux habitás de leur P[a]
roiſſe, ou à leur Procureur Syndic: leſqu[els]
s'aſſemblerót à iour de Dimáche ou Fe[ſte]
iſſuë de grande Meſſe, pardeuant le N[o]
taire ou Curé du lieu, pour deliberer [ſur]
leſdits moyens d'oppoſition, & y four[nir]
de réponſes, ſi bon leur ſemble, qu'ils e[n]
uoyeront audit Subſtitut, & icelles fero[nt]
ſignifier à l'oppoſant : ſans que leſdits h[a]
bitans puiſſent eſtre aſſignez ſur leſdi[tes]
oppoſitions: Ains ſeront ſeſdits procez i[n]
ſtruits auec ledit Subſtitut: Et ſera tant p[ar]
luy que par les oppoſans conuenu, huiĉt[ai]
ne apres la ſignification faite de la répo[n]
ſe deſdits habitans, de trois prud'homm[es]
des Parroiſſes circonuoiſines, ou de la P[ar]
roiſſe, pourueu qu'ils ne ſoient taillable[s]
ny parens des oppoſans : Sinon il en ſer[a]
nommé d'office par les Eleus, qui ſero[nt]
ouis par le Commiſſaire examinateur, e[n]
la preſence les vns des autres; Sur la d[e]

...ion defquels, & fur le procez verbal
...Eleu qui aura fait fes cheuauchees en
...rroiffe & affifté à l'affiette, moyens
...pôfition, réponfe à icelles & extraicts
...Rolles des trois années precedentes,
...par les Eleus, autres que celuy qui au-
...ocedé à la taxe, le procez iugé: & en
...appel de la fentéce des Eleus, les ap-
...tions n'en feront receuës, fi la taxe
...cede dix liures du principal de la Tail-
...des autres à l'equipolent; côformemét
...rticle fixiéme de l'Edict de l'année
...6. Et fi la taxe excede ladite fomme,
...nt tenus les oppofans faire porter le
...ez & fentence des Eleus aux Greffes
...os Cours des Aydes à leurs frais: Sur
...el appel les habitans des Paroiffes ne
...ront eftre pareillement intimez, ains
...ment ledit Subftitut, pour lequel no-
...Procureur general efdites Cours pré-
...faict & caufe: Et fera l'appel iugé en
...ites Cours fur ledit procez principal,
...que les Eleus & Subftitut de noftre
...rocureur general, Affeeurs & Colle-
...rs puiffent eftre pris à partie en leurs
...s, tât en caufe principale que d'appel;
...n en cas de concuffion feulement, Ny

lefdites taxes moderées en nofdites C
fur le fimple confentement des habi
des Parroiffes. Le mefme fera obferu
les oppofitions en furtaux du fel d'imp
és lieux où ledit impoft eft eftably.

LII.

Les Rolles des Tailles feront execu
nonobflât oppofitiõs ou appellatiõs q
conques, & fans preiudice d'icelles; l
lefquels ne fera differé par nos Eleus
par eux fait defenfes de les executer p
quelque caufe que ce foit, à peine de
pondre en leurs propres & priuez noms
dépens, dommages & interefts des C
lecteurs. Et feront tenus les cottifez
payer leurs taxes és mains defdits Co
cteurs: Et en cas d'oppofition en furtau
de contention fur la taxe des particul
pretendus priuilegiez, ou impofez en
uerfes Parroiffes de mefme Election,
parties fe pouruoiront pardeuant les E
du reffort defdites parties en premi
inftance, & par appel en nos Cours
Aydes; aufquelles enjoignons de f
renuoy defdites caufes, en cas qu'e
ayent efté introduites en premiere inft
ce en nofdites Cours des Aydes, par let

conuerſion d'appel, en oppoſition ou
[…]rement ; Auec condemnation de dé-
[…]as du renuoy, ou telles autres peines
[…]ils aduiſeront bon eſtre.

LIII.

Pour la difficulté que les Collecteurs
[…]urroient auoir de ſe faire payer des pre-
[…]ndus exempts qui auront eſte cottiſez,
[…]quels bien ſouuent ſont craints & reſpe-
[…]z aux lieux où ils demeurent, Apres que
[…] premiere ſignification de leurs taxes au-
[…] eſté faite à la requeſte & diligence deſ-
[…]s Collecteurs, s'ils ſont refuſans ou di-
[…]ans de payer, les Receueurs des Tail-
[…] & Taillon ſeront tenus d'en faire les
[…]ourſuites aux frais deſ cottiſez, & leſdits
[…]ollecteurs dechargez d'autant. Et pour-
[…]nt leſdits Receueurs donner le recou-
[…]ement deſdites taxes aux Preuoſts des
[…]areſchaux, leurs Lieutenans & Archers
[…]ur le payement de leurs gages, apres les
[…]mmandemens faits auſdits taxez à la re-
[…]eſte deſdits Receueurs, en cas de refus
[…] payement ou de rebelion : Et pour cét
[…]et ordonnons que la taxe de la Taille &
[…]aillon ſera faite par deux articles ſepa-
[…]z.

G

LIV.

Les Regiſtres des Receueurs des Taillel
& Taillon ſeront dés le cõmencement d
l'année cottez & paraphez en chacun fueil
let, & le nombre écrit au long, & non en
chiffre, par le Preſident de l'Election, en l
preſence de deux Eleus, Dans leſquels Re
giſtres & nõ autres, leſdits Receueurs écri
ront ce qu'ils receuront des Collecteurs, à
l'inſtant que les payemens leur ſeront faits
ſur quelle nature de deniers, & en quellei
eſpeces, ſuiuant les Reglemens precedens
à peine d'eſtre conuaincus de concuſſion.

LV.

Leſdits Receueurs des Tailles & Taillon
ne pourront decerner leurs contraintes
contre aucuns particuliers de la Parroiſſe
pour le payement de la Taille, ſi ce n'eſt
en cas de rebellion des Habitans, ou qu'ils
euſſent negligé d'eſlire des Aſſeeurs &
Collecteurs, ou que leſdits Aſſeeurs &
Collecteurs par eux eſleus, diſcution ſom
maire faite de leurs biens, ayent eſté trou-
uez inſoluables: Ce qui ſera iugé au prea-
lable par les Eleus. Et afin que les Sergens
des Elections n'en puiſſent abuſer, comme
ils ont fait par le paſſé, les principaux de la

Paroiſſe, qui doiuent eſtre contrains ſoli-
dairement pour le general, ſeront deſnom-
mez par noms, ſurnoms & qualitez, par les
contraintes deſdits Receueurs, & Ordonnance deſdits Eleus. Defendons auſdits
Sergens, & autres qui ſeront employez au
recouurement des deniers de nos Tailles,
de receuoir leurs ſalaires des Habitans ou
Collecteurs, ſur les peines portées par nos
precedentes Ordonnances; ains receuront
leurs ſalaires par les mains deſdits Receueurs ſuiuant la taxe qui en aura eſté faite
par le Preſidét & deux Eleus de l'Election
en fin de chacun quartier, qui les payeront
entierement, ſans vſer de retention, ny par-
ticiper à la taxe deſdits ſalaires, deſquels
leſdits Receueurs feront le recouurement
ſes Collecteurs, au premier payement
qu'ils leur feront: Et donneront leſdits Receueurs leurs contraintes pour pluſieurs
Paroiſſes voiſines à vn meſme Sergent, &
par meſme voyage, ſi faire ſe peut ; Auſquels Sergens nous faiſons tres-expreſſes
defenſes d'exiger aucuns deniers, ny trai-
tement deſdits Habitans & Collecteurs, ny
de faire aucune execution ſur le pain, le
Blé, les cheuaux, & autres beſtes de labour,

G ij

vſtancilles & outils de Maneuures & Ar-
tiſans ; comme auſſi de découurir les maiſ-
ſons, ny arracher les portes & feneſtres, le
tout à peine de la vie.

LVI.

Faiſons pareillement defenſes auſdit-
Receueurs des Tailles & Taillon, & à touc
nos Officiers des Elections, de receuoir ni
exiger aucune choſe des Aſſeeurs & Collecteurs des Tailles, Procureurs Syndic-
manans & habitans des Paroiſſes, ſous pretexte de preſens ou gratifications, à pein-
de concuſſion contre leſdits Officiers, &
contre leſdits habitans, Syndics, Aſſeeur-
& Collecteurs, de cent liures d'amend-
appliquable aux neceſſitez des Egliſes deſdites Paroiſſes.

LVII.

Et dautant qu'en aucunes Elections leſdits Eleus interpretans le neufieme articl-
de l'Edict du mois de Mars mil ſix cens (à
leur fantaiſie,) ſe ſont ingerez de diſtraire
les Hameaux d'aucunes Paroiſſes de leur
Election, leſquels auparauant ladite année
n'auoient eſté ſeparez, ny deſ-vnis du corp-
de la Paroiſſe; ce qui apporte de grand-
incommoditez & frais aux vns & aux au-

es,& plusieurs procez & differents: Nous
oulons que les Hameaux ainsi distraits
par les Eleus de leur authorité, soient reü-
s auec le corps de la Paroisse sous vne
mesme taxe, comme ils estoient auparauāt
ladite année mil six cens, excepté ceux qui
pour quelques considerations ont obtenu
nos lettres de des-vnion, registrées en nos
Cours des Aydes ; Pour lesquels lesdits
Eleus dis-joindront leurs taxes, & adiou-
steront en leurs Commissions, & au depar-
timét de la Taille qui deura estre leuée sur
toute la Parroisse, de laquelle vn tel Ha-
meau payera tant, sans que lesdits Hameaux ainsi desvnis soient responsables de
la Taille du corps de la Paroisse,ny pareillement la Paroisse de celle desdits Hameaux:
& en consequéce de ce les Habitás desdits
Hameaux éliront entr'eux des Asseeurs &
Collecteurs particuliers, pour l'assiete &
collecte des sommes dont ils serōt chargez.

LVIII.

Les particuliers cottisables ne pourront
estre taxez qu'au seul lieu de leur domicile,
pour tous les biens qu'ils possedent,auront
acquis & acquerront*, sans vser par les
Habitans ou Eleus de transports de taxes,

ainſi qu'il s'eſt pratiqué abuſiuement ẽ
quelques Elections, notamment en celle
de la Generalité de Lyon : Demeurãt
neantmoins le reglement fait pour les h̃-
bitans de Maſconnois en ſa force & vertu

L I X.

Les Habitans qui voudront deſloger̃
leurs Parroiſſes, pour aller demeurer ẽ
autres lieux, ſeront tenus de faire publiẽ
leur deſlogement auparauant le premĩ
iour d'Octobre precedent les tailles aſſiſẽ
& le faire ſignifier aux Habitans & Prõ
cureur Sindic de la Parroiſſe, Et executẽ
actuellement la tranſlation de leur domĩ
cile dans le premier iour de Ianuier : Nõ
obſtant lequel deſlogement, ils ſeront tã
xez l'année ſuiuante, en la Parroiſſe de lã
quelle ils ſeront deſlogez : Et ne pourront
eſtre taxez en celle où ils iront demeurer̃
qu'ils n'y ayent demeuré actuellement ſãs
intermiſſion, l'an & iour. En laquelle Par̃
roiſſe ils ne pourront eſtre moins taxez
qu'ils eſtoient en celle dont ils ſeront deſ̃
logez, & ſauf à les augmenter, s'il y eſcheᷓ
ſans preiudice de leur oppoſition en ſur̃
taux : Et ſera la Paroiſſe de laquelle ils ſe
ront deſlogez, deſchargée de leurs taxes, &

...le où ils feront allez demeurer chargée
...tant.

LX.

...Ceux qui fortiront de lieux taillables,
...mes ceux dont les exemptions font re-
...quées par le prefent Edict, pour aller
...meurer aux villes franches, feront taxez
...mpofez efdits lieux taillables, iufqu'à ce
...ils ayent acquis domicile dans lefdites
...les franches par dix ans.

LXI.

...parce qu'aucuns Habitans des lieux fi-
...fur les confins de certaines Elections,
...tirét enfemble en vne chambre ou pe-
...maifon, fituée en vne autre Election
...Parroiffe que celle où leurs biens font
..., où ils s'accordent d'eftre cottifez à
...fommes legeres ; & y ayans demeuré
...an & iour, ils fe maintiennent habitans
...la Parroiffe en laquelle ils fe fót retirez,
...delaiffans iournellement de trauailler
...labourages & culture de leurs herita-
...fituez en celles dont ils font deflogez,
...faire leur trafic & commerce: Comme
...plufieurs habitans de Villes franches
...meurent la plus-part de l'année aux
...mps, & fe retirent feulement aufdites

villes frāches , vers le mois de Decemb[re]
ou au commencement de Ianuier , aup[a]
rauant les Tailles affifes, defquelles il[s]
pretédent pareillement Bourgeois & h[a]
bitans , & qu'ils ne feiournent aux cham[ps]
que pour la recolte de leurs fruicts , & [par]
ce moyen ils s'exemptent induëment [du]
payement des tailles: A quoy voulās po[ur]
uoir , Nous voulons que les premiers fo[ient]
toufiours cottifez au lieu où ils deme[u]
roient auparauant leur deflogement p[re]
tendu,tant qu'ils trauailleront au labou[r &]
culture de leur heritage , fi mieux n'[ai]
ment les bailler à ferme , à perfonnes p[or]
tailles en leur lieu, Et que les derniers fo[ient]
reputez habitans du lieu où ils font le p[lus]
grand feiour durant l'année, & qu'il[s]
payent la Taille,comme eftant leur vra[y]
actuel domicille.

LXII.

Et pour le regard des Habitans, deme[u]
rans és lieux où les Tailles font reelles,a[y]
neantmoins la plufpart de leurs biens a[ux]
où elles font perfonnelles, fans y eftre co[t]
tifez , dautant qu'ils n'y ont leurs domic[il]
les , Voulons que conformément aux r[e]
glemens precedens ils foient cottifez [au]
lieu

ux où les Tailles sõt persõnelles, à cause
bien qu'ils y possedent, & que les fruicts
& reuenu de leurs heritages demeurent
affectez au payement de leurs taxes.

LXIII.

Et dautant que la pluspart des Priuile-
gez, dont l'exemption est reuocquée par
le present Edict, sont demeurans dans les
villes & gros Bourgs, & qu'il y en a peu de
domiciliez aux Parroisses du plat pays,
enioignons aux Officiers desdites Elections, procedans au departemét des Tailles d'y auoir esgard, & en cette consideration augméter les Tailles desdites villes &
lieux où il y aura des priuilegiez, à la descharge de celles où il y en a peu ou point,
à peine d'en respondre par lesdits Officiers
en leur propre & priué nom.

LXIV.

Et sur les plaintes que nous auons receuës des Officiers de nos Elections, &
Greniers à Sel, de ce que les Iuges ordinaires entreprennent sur leur Iurisdiction, &
congnoissent des differends, dont la cognoissance leur est attribuée par nos Edicts
& Ordonnances, mesmes pretendent que
les Sentences & Ordonnáces des Eleus &

Grenetiers, ne se doiuent executer dãs
les lieux de l'establissemét des Iustices or
dinaires, sans leur en demander la permis
sion; Informent, decretent, & font empri
sonner les Huissiers & Sergents, porteu
desdites Sentences, & de leur authori
eslargissent & tirent hors des prisons ceu
qui sont emprisonnez par l'Ordonnanc
desdits Eleus; Au moyen dequoy le paye
ment des droits de nos Tailles, Aydes
Gabelles est retardé : Nous voulons & or
donnons que toutes sentences, Iugemé
& Ordonnances desdits Eleus & Gren
tiers, mesmes les Ordonnáces, Reglemé
decrets, deffaux à ban & trois briefs iour
& generalemét toutes autres Ordonnan
ces qui doiuent estre publiées à son d
trompe, tambour & autre forme de cry, &
affichées aux places & endroits publics, so
pour saisies d'heritages, vente de fruits o
autres causes, soient executez par nosdi
Huissiers & Sergens, sans pour ce deman
der aucun pareatis, ny permission ausdi
Iuges ordinaires, ou autres Officiers, d
quelque qualité & condition qu'ils soient
Ausquels nous faisons tres-expresses def
fences de troubler & empescher lesdit

Officiers des Elections & Greniers à Sel
& leurs Iurisdictions, & les Sergens por-
teurs de leurs Ordonnáces en l'execution
d'icelles, & de prendre aucune Cour, Iurisdiction, & cognoissance du fait de leurs
exploits, sur peine de suspension de leurs
charges, de mil liures d'amende, & de tous
despens, dommages & interests: Leur en-
ioignant de prester main - forte ausdits
Sergens, quand ils les en requerront, sauf
aux parties interessées de se pouruoir par
appel, oppositions, ou autrement pardeuant les Iuges, ausquels par nos Edicts &
Ordonnances la cognoissance en appar-
tient. Et en cas de contrauention au present Article, lesdits Iuges contreuenans
sont assignez en vertu des presentes en
nôtre Conseil, auquel nous en auons re-
nué la cognoissance, & icelle interdicte
& deffenduë à toutes nos Cours & Iuges
quelconques.

LXV.

Enjoignons aux Presidens, Lieutenans
& Eleus des Elections de ce Royaume,
tenir la main à l'execution & entretenement du present Reglement, à peine de
priuation de leurs Offices, décheances de

tous Priuileges, & autres plus grandes peines s'il y eschet. Ordonnons aux Commif-
faires qui feront par nous enuoyez en nofdites Prouinces, de corriger les abus qu'
s'y trouueront, proceder contre les contreuenans par condemnation d'amen de
& interdiction de leurs charges, ou autrement, extraordinairement, ainfi qu'ils ver-
ront bon eftre. Enjoignant à nos Procureurs des Bureaux des Finances, Subftituts de nos Procureurs Generaux des Elections, de donner aduis en noftre Confei-
des contrauentions, à peine d'en refpon-
dre en leurs propres & priuez noms.

SI DONNONS EN MANDEMEN
à nos amez & feaux Confeillers les gen-
tenans nos Cours des Aydes, Prefidents-
Treforiers Generaux de France des Generalitez, Que ceftuy noftre prefent Edict
ils facent lire, publier & regiftrer, & iceluy par les Eleus & Officiers de nos Elections, & autres qu'il appartiendra, garde-
& obferuer de point en point felon f-
forme & teneur, fur les peines y côtenuës,
ceffans & faifans ceffer tous troubles &
empefchemens quelconques, nonobftan-
tous Edicts, Ordonnances, Reglemens

arrests, & choses à ce contraires , ausquel-
les & aux dérogatoires des dérogatoires y
contenuës nous auons dérogé & déro-
geons par ces presentes : à la coppie desquelles, denëment collationnée par l'vn
de nos amez & feaux Conseillers & Secretaires, voulons foy estre adioustée comme à l'original : C A R tel est nostre plaisir.
Et afin que ce soit chose ferme & stable à
tousiours, nous auons fait mettre nostre
Scel à cesdites presentes. Donné à Paris au
mois de Ianuier, l'an de grace mil six cens
trente-quatre,& de nostre Regne le vingt-
quatriéme. Signé, L O V I S , & plus bas,
par le Roy, D E L O M E N I E, & sellé du
grand Seau de cire verte, sur lacs de soye
rouge & verte.

*Leuës , publiées & regiſtrées, Oüy le Procu-
reur General du Roy , pour estre executées
quant & aux charges portées par l'Arrest de
ce iour , donné les Chambres assemblées à Paris, en la Cour des Aydes, le huictiesme iour
d'Auril, mil six cents trente-quatre.*

Signé,   B O V C H E R.

EXTRAICT DES REGISTRES
de la Cour des Aydes.

VEV par la Cour, les Chambres affemblées, les Lettres patentes du
Roy en forme d'Edict données à Paris au
mois de Ianuier dernier, fignées, LOVIS
& plus bas, Par le Roy, DE LOMENIE
à cofté, VISA, & feellées du grand Seel du
cire verte, fur lacs de foye rouge & verte ; Portant Reiglement pour le fait des
Tailles & retranchement de plufieurs
exempts, au foulagement & defcharge de
fes Subjets, auec remife du deuxiefme
quartier de la Taille de la prefente année.
Lefquelles lettres fa Majefté mande à la
Cour faire lire, publier, & regiftrer en
icelle, pour y eftre gardée & obferuées felon leur forme & teneur, nonobftant tous
autres Edicts, Ordonnances, Arrefts, &
Reiglements à ce contraire. Actes d'oppofitions formées à la verification defdites
Lettres par les Maire, Pairs & Commune
de la ville de Beauuais: Iacques Doufi, qui
a traicté auec le Roy des Offices d'Intendans des deniers communs & d'octroys:

ufes d'oppofition par luy fournies : La
mmunauté des trois Compagnies des
baleftriers, Archers, & Arquebufiers
la ville de Paris : La Requefte par eux
mployé pour caufe d'oppofition. Autre
equefte des Preuoft des Marchands, &
cheuins de la ville à mefme fin : Les fix-
gts Cheuaucheurs de l'Efcurie : Les
cs Sergens de l'Eglife de Paris : Et Iean
hiet, proprietaire du Greffe ancien de
ection de Melun, afin d'eftre confer-
en leurs priuileges. Autre Requefte
fentée à ladite Cour par le Procureur
neral en icelle, à ce que commande-
nt fuft fait aux oppofans, de fournir de
rs caufes d'oppofition dans trois iours,
qui leur auroit efté octroyé. Significa-
de ladite Requefte, du vingt-qua-
efme Mars dernier : Conclufions du
cureur General, & tout confideré, La
vr, fans auoir efgard aux oppofitions
dits Maire, Pairs & Commune de la
e de Beauuais, Iacques Doufi, les fix-
gts Cheuaucheurs de l'Efcurie, les fiacs
gens de l'Eglife de Paris, Iean Cahier,
rdonné & ordonne, Que lefdites Let-
feront leuës, publiées & regiftrées en

icelle, pour estre executées aux char[ges]
qui ensuiuent: A sçauoir, *Sur le premier [ar]*
ticle, Que les annoblissemens accord[ez]
vingt ans auant l'Edict du mois de Ianu[ier]
mil cinq cens quatre-vingts dix-huict, [&]
depuis iceluy iusques à present, moyen[ant]
finance seulement, seront de nul effe[ct]
Et pour les annoblissemens accordez [par]
l'Edict du mois de May mil six cens ving[t-]
huict, en faueur des associez de la n[ou-]
uelle Fráce, apres qu'il aura esté delib[eré]
par la Cour, y sera faict droict, ainsi que[de]
raison: Et cependant lesdits annoblis[&]
iouyront d'aucuns priuileges ; Et que[les]
Villes & Communautez qui sont en p[os-]
session immemoriale de ne payer Tail[le]
n'y pourront estre imposées: Et pour cell[es]
qui ont obtenu lettres d'affranchissemen[t,]
exemptions, ou abonnement, en iouyr[ont]
l'année presente, sans qu'elles en puiss[ent]
iouyr à l'aduenir, sinon apres que les le[t-]
tres de confirmation desdits priuileges a[u-]
ront esté bien & deuëment verifiées en [la]
Cour. *Sur le huict & neufiesme*, Sa Majest[é]
sera tres-humblement suppliée de regl[er]
par lettres de Declaration expresse l[e]
nombre des Officiers mentionnez ausdi[ts]
articles

rticles, dont les Estats se doiuent apporter à la Cour, lesquels seront tenus de faire
apporter en ladite Cour les nouueaux
Estats auant la confection des Rolles des
Tailles de la presente année, autrement
lesdits Officiers seront imposez auldites
Tailles pour ladite année presente, comme les autres contribuables : Et quant aux
autres Officiers mentionnez auldits articles, ils iouyront de l'exemption, ainsi
qu'ils en ont cy-deuant bien & deuëment
iouy. *Sur le quatorze & dix-neufiesme*, Que
les Greffiers & Maistres Clercs, Substituts
les Procureurs Generaux, & autres Officiers des Cours souueraines iouyront de
l'exemption, ainsi qu'ils en ont cy-deuant
bien & deuëment iouy: Et que les Officiers
creez en vertu d'Edicts non verifiez en la
Cour, ne iouyront d'aucune exemption.
Sur le seiziesme Article : Que les Estats des
Compagnies de Gendarmes & Cheuaux-
legers du Roy seront enuoyez en la Cour.
Que le dix-septiesme Article aura lieu, A la
charge que contre les Arrests de la Cour
portans enregistremens des lettres de Ve-
tera, on ne se pourra pouruoir autrement
que par les voyes de droict. *Sur le dix-*

I

huictiéme : Que les Commissaires des guerres ne iouyront d'aucune exemption, sinon pendant les années qu'ils seront employez & rendront seruice actuel. *Sur le vingt-vniesme* : Que les vefues des Presidens, Conseillers, Aduocats & Procureurs Generaux, Greffiers, Substituts, & autres Officiers des Cours souueraines, iouyront de l'exemption, ainsi que cy-deuant en a esté bien & deuëment ioüy : Et quant aux vefues des autres Officiers de Iustice & Finance qui auront seruy l'espace de dix ans, & seront decedez en possession desdits Offices, jouiront aussi de ladite exemptió. *Sur le vingt-deuxiesme*, Que les Officiers des Compagnies souueraines, Bureaux des Finances, Elections & Presidens des Greniers à Sel, ne seront comptez entre les priuilegiez, dont le nombre pour la demeure & Parroisses taillables est restraint & limité par ledit Article. *Sur le vingt-troisiesme*, Ayant esgard à l'opposition des Preuost des Marchands & Escheuins de la ville de Paris, & des Arbalestriers, Archers, & Arquebusiers de ladite ville, qu'il aura lieu seulemét pour les Tailles, & non pour les Aydes. *Sur le vingt-neufiesme.*

Que les Officiers nouuellement pourueus
seront tenus de faire signifier leurs proui-
sions aux habitans de la Parroisse de ceux,
par la demission desquels ils auront esté
pourueus, auant que pouuoir estre employez dans les Estats qui seront au Greffe
de la Cour. *Sur le trente-deuxiesme*, Les Ecclesiastiques iouyront seulement des priuileges & exemptions à eux accordez par
les Ordonnances, Edicts & Reglemens
bien & deuëmét verifiez par la Cour. *Sur le
trente-quatriesme*, Que la Taille sera payée
par les Fermiers en la Parroisse de la situa-
tion du principal manoir de chacune ferme. *Sur le trente-neufiesme*, Que ceux qui
seront éleus Asseeurs, & Collecteurs des
Tailles, ne pourront demander leur defcharge, sinon dans la quinzaine du iour de
la signification à eux faite de leur Electiõ,
autrement & ledit temps passé n'y seront
plus receus ; laquelle descharge ne se
pourra faire ny ordonner, sinon auec le
Procureur Syndic & les habitans de la
Parroisse, ou eux bien & deuëment appellez à iour de Dimanche ou Feste, issuë de
grande Messe, ou Vespres en la maniere
accoustumée, & sõmairement à l'Audiãce,

sans appointer les parties à produire. *Sur*
les quarante-deux & quarante-troisiesme Ar-
ticles, Que les Eleus n'assisteront au dépar-
tement des Tailles des Parroisses où ils auront les domaines, fermes & heritages,
n'y pourront faire leurs cheuauchées. *Sur*
les quarante-quatre, & quarante-cinquiesme,
Qu'ils auront lieu, sans tirer à consequéce
pour les années suiuantes. *Sur les quarante-*
six, quarante-huict, quarante-neuf, & cin-
quante-vniesme, Que ceux qui se pretendront exempts des Tailles ou surtaxez, ne
seront receus à former leurs opposition
en surtaux ou autrement, sinon dans vn
mois du iour du payement par eux fait du
premier quartier de leur taxe, ou de la som-
mation qui leur aura esté faite de le payer,
en parlant à leur personne ou domicile:
Et que les Eleus ne iugeront d'aucune ma-
tiere en dernier ressort : Et pour le surplus
du contenu ausdits Articles, ordonne ladite Cour, que tres-humbles remonstances
seront faites au Roy sur la consequence
d'iceux. *Sur le cinquãte quatriesme*, Que les
Receueurs des Tailles, Taillon & droicts
alienez sur icelles, bailleront aux Collecteurs vn billet portant acquit de chacun

ement qui leur sera fait par lesdits Col-
eurs, sans toutesfois exiger d'eux aucun
ict de quittance pour lesdits billets, à
ne de concussion. *Sur le cinquante-cin-
iesme*, Qu'il sera informé par les Eleus
faisant leurs cheuauchées, des contra-
tions, si aucunes sont faites, au côtenu
dit Article : Et seront tenus lesdits Re-
ceurs des Tailles, Taillon & droicts alie-
z, en receuant des Collecteurs le payent des salaires des Huilliers & Sergens
eux employez pour l'execució de leurs
traintes, de rendre ausdits Collecteurs
exploicts auec quittáce desdits salaires
dos d'iceux. *Sur le foixante-deuxiesme,*
'il aura lieu, & les habitans demeurans
Bretagne qui y payent les droicts de
age, payeront la Taille aux Parroisses
Elections de ce ressort pour les herita-
qu'ils y possedent, si mieux ils n'ayment
bailler à ferme à personnes y payans
illes. *Sur le foixante-cinquiesme,* Qu'il
ra lieu, à la charge que les commissions
ont regiftrées en la Cour, & que les ap-
llations, si aucunes sont interiettées des
gemens desdits Commissaires rendus
tre les habitans demeurãs dans le ressort

de ladite Cour, seront releuées & iu[...]
en icelle. Et au surplus ordonne la[...]
Cour, que les anciennes Ordonnance[...]
Edicts, mesmes ceux du mois de Ianu[...]
mil cinq cens quatre-vingts dix-huict,
mois de Mars mil six cens, & du mois
Iuin mil six cens quatorze, suiuant les A[...]
rests de verification d'iceux, seront exec[...]
tez selon leur forme & teneur, & ce qui[...]
se trouuera contraire au present Edict[...]
reglement, & present Arrest de verifi[...]
tion d'iceluy, le tout neantmoins par pr[...]
uision, & que coppies collationnées d[...]
dites lettres par le Greffier de la Cour, e[...]
semble du present Arrest, seront enuoy[...]
en tous les Sieges des Elections de ce r[...]
sort, pour y estre pareillement publiées[...]
registrées, & le contenu en iceux gardé[...]
obserué, à la diligence des Substituts d[...]
dit Procureur General du Roy, ausquels[...]
Cour enjoint ce faire, & de la certifier d[...]
leurs diligences au mois. FAIT à Pari[...]
en la Cour des Aydes, le huictiesme iou[...]
d'Auril mil six cens trente-quatre.

Signé, BOVCHER.

TRAICT DES REGISTRES
du Conseil d'Estat.

E Roy ayant par ſes Lettres de Declaration du mois de Ianuier dernier, re-
l'ordre qu'il veut eſtre obſerué pour
Impoſitions & Leuées de deniers de ſes
Ailles, les perſonnes qui doiuent iouyr
exemption d'icelles, & ordonné que
dites Lettres ſeroient enuoyées en ſes
urs des Aydes de Roüen, Clermont-
rand, & Agen, pour y eſtre regiſtrées:
d'autant que l'impoſition deſdites Tail-
ſt preſſée, & que les affaires de ſa Ma-
receuroient vn grand prejudice, ſi la-
Impoſition eſtoit remiſe apres l'enre-
rement deſdites Lettres eſdites Cours
Aydes: Et voulant ſa Majeſté que ſes
jets reſſentent dés cette année le ſoula-
ent qu'elle leur a fait eſperer de l'exe-
on de ladite Declaration : SA MA-
TE' EN SON CONSEIL, a ordon-
& ordonne aux Preſidens, Treſoriers
rance, & Generaux de ſes Finances,
Generalitez du reſſort deſdites Cours
Aydes, Officiers des Elections qui en

dependent, & autres qu'il appar[...]
De faire inceſſamment proceder à l[...]
ſition deſdites Tailles, & executer le[...]
Lettres de Declaration, à peine d'e[...]
pondre en leurs propres & priuez n[...]
nonobſtant qu'elles n'ayent encor[...]
regiſtrées eſdites Cours des Aydes,[...]
quelles ſa Majeſté enjoint d'y proced[...]
pluſtoſt que faire ſe pourra. FAI[T...]
Conſeil d'Eſtat du Roy tenu à Pari[...]
vingt-troiſieſme iour de Mars, mil ſix [...]
trente-quatre.

Signé, CORNVEL.